Contraste insuffisant
NF Z 43-120-14

Illisibilité partielle

Valable pour tout ou partie
du document reproduit

Original en couleur
NF Z 43-120-8

LA MARÉCHALE
DE SAINT-ANDRÉ
ET SES FILLES

PAR

G^{ve} CLÉMENT-SIMON

Extrait de la *Revue des questions historiques*. — Janvier 1896

PARIS
BUREAUX DE LA REVUE
5, RUE SAINT-SIMON, 5

1896

Couverture inférieure manquante

LA MARÉCHALE
DE SAINT-ANDRÉ
ET SES FILLES

PAR

G^{ve} CLÉMENT-SIMON

Extrait de la *Revue des questions historiques*. — Janvier 1896

PARIS
BUREAUX DE LA REVUE
5, RUE SAINT-SIMON, 5

1896

LA MARÉCHALE DE SAINT-ANDRÉ

ET SES FILLES

I.

Jacques d'Albon-Saint-André, encore simple capitaine des ordonnances, approchait de la quarantaine, lorsqu'il obtint la main de la jeune et belle Marguerite de Lustrac. Jour était pris pour le mariage, qui devait être célébré en cour, quand Monluc, dépêché d'Italie par le comte d'Enghien, vint demander au roi François Ier, de la part de ce général de vingt-quatre ans, la permission de livrer bataille aux Impériaux, commandés par le vieux marquis du Guast. La conjoncture offrait une extrême gravité. L'armée française était inférieure en nombre et son chef avait à peine fait ses preuves : une défaite pouvait non seulement la chasser du Piémont, mais mettre en péril le royaume, menacé de deux côtés par l'Empereur et le roi d'Angleterre. Dans le conseil, les plus sages hésitaient à approuver une partie si inégale. L'amiral d'Annebaut, pressé par François Ier, lui répondait : « Sire, demandez donc conseil à Dieu, puisque l'avis « des hommes ne vous suffit. » Le roi chevalier se leva, jeta vivement son bonnet sur la table, joignit les mains, fit à haute voix cette prière : « Ho, mon Dieu, je te supplie qu'il te plaise « me donner aujourd'huy le conseil de ce que je doibz faire « pour la conservation de mon royaulme, et que le tout soiet à « ton honneur et à ta gloire. » Après quelques moments de recueillement, le visage comme illuminé par un éclair d'en haut : « Hé bien, s'écria-t-il, qu'ils combattent, qu'ils combattent ! »

Monluc sortit aussitôt pour retourner en Piémont porter la bonne nouvelle. La foule des courtisans l'attendait impatiemment à la porte. Interrogé avec émotion, il leur jetait ces mots en son gascon : « *Ares y harem aus pics et patacs* (maintenant nous y ferons du pic et de la massue) [1]. » Ce fut comme une traînée de poudre. Toute la jeunesse de la cour s'apprêta à partir, et de crainte que le roi ne donnât pas son congé, on ne le lui demanda pas. Sans commission ni grade, ils couraient à la bataille comme ils eussent fait au « grand bal. » De ce nombre furent Saint-André, qui ajourna son mariage, Coligny et son frère d'Andelot, la Hunaudaye, fils unique de l'amiral d'Annebaut et qui ne devait pas revenir, des Cars, Rochechouart-Saint-Amans et cent autres. De plus vieux voulurent être de la fête. Mézeray nomme Antoine de Lustrac. C'était le futur beau-père de Saint-André. La cour fut tout à coup déserte. La plupart allèrent en poste pour arriver plus vite. Ils apportaient au comte d'Enghien non seulement leur épée, mais leur bourse, sachant que cet autre secours ne serait pas dédaigné : les soldats attendaient leur solde depuis six mois [2].

La bataille de Cérisoles (lundi de Pâques, 14 avril 1544) parut d'abord perdue. Le jeune général voulait se tuer de désespoir, se donna même, dit Monluc, deux coups d'épée dans son gorgerin, puis ce fut une éclatante victoire. Saint-André y fit merveille. Sur le soir, du Guast en fuite, il rallia quelques amis pour mettre « en route » ce qui restait des Impériaux. « Comme il alloit des plus avant à la charge où il faisoit bien chaud, M. d'Enghien voulut se desbander à l'envy, mais luy ayant esté remonstré le grand tort qu'il faisoit au grand debvoir de sa charge et qu'il se souvint de M. de Nemours à la bataille de Ravenne, qui par trop d'hardiesse se perdit et fit perdre les autres, il respondit seulement : Qu'on fasse donc retirer Saint-André [3]. » Il fallut rattraper celui-ci, le forcer à lâcher sa poursuite. Les ennemis laissèrent 12,000 hommes sur la place, nos pertes furent à peine de 200 combattants, mais quelques-uns de première marque. Antoine de Lustrac, couvert d'affreuses blessures à la tête, fut

---

[1] *Commentaires de Monluc*, éd. de Ruble, t. I, p. 255.
[2] *Mémoires de Martin du Bellay*, an. 1544. — *Mém. de Vieilleville*, par Carlois, l. I, ch. 42. Coll. Michaud. — Mézeray, éd. in-fol., 1685, t. II, p. 1085.
[3] Brantôme, *Hommes illustres*, art. du maréchal de Saint-André.

d'abord compté parmi les morts. Il revint pourtant, mais resta privé des deux yeux.

Saint-André s'empressa de retourner en cour pour les préparatifs de son mariage, qui fut fixé au 27 mai. Sa fiancée, âgée de dix-sept ans, était une riche héritière. Antoine de Lustrac, seigneur et baron de Lustrac, Gavaudun, Goudourville, la Tour, Fimarcon, Terrasson, la Bastide et autres lieux, n'avait pas d'autre enfant et lui constituait en hoirie toutes ces terres. Par sa mère, elle appartenait à l'antique maison de Pompadour, des plus opulentes du Limousin. Elle était fille de cette Françoise de Pompadour [1] dont Mellin de Saint-Gelais a versifié l'épitaphe et dont la mort, d'après lui, fit verser tant de larmes, que les eaux de la Seine en furent doublées ainsi que celles de la Garonne [2]. Passe pour la Garonne, qui enfle facilement ! Pour sa part, Saint-André recevait de son père, Jean d'Albon, le château et la terre de Saint-Germain-des-Fossés, les seigneuries de Mably en Rouannais et de Crespin en Casseaux [3].

Les deux époux se trouvaient assortis par le caractère. Saint-André, favori du dauphin, premier gentilhomme de sa chambre, superbe cavalier, type de bravoure et d'élégance, était le plus magnifique et le plus raffiné des brillants seigneurs de cette cour fastueuse. Sans scrupule sur les moyens de satisfaire ses goûts, il exploitait la générosité du dauphin, aimait le lucre autant que la gloire, dépouillant l'ennemi vaincu, pressurant le peuple, entretenant son luxe effréné à l'aide de confiscations et de nouveaux impôts. La jeune Marguerite était ardente, ambitieuse, devait rivaliser avec son mari pour l'amour du plaisir et de l'ostentation.

Lorsque le dauphin devint Henri II, on vit « cette voile de Saint-André flottante en une très large mer de profonde faveur, » dit Vincent Carlois, qui ajoute : « Il fut un des quatre qui dévorèrent le roi comme le lion sa proie : la duchesse de Valentinois, la plus âpre avec ses filles et gendres jamais satisfaits ; le duc

---

[1] Antoine de Lustrac avait épousé en 1524 Françoise de Pompadour, fille d'Antoine et de Catherine de la Tour d'Ollergues.
[2] Épitaphe de feu Mme de Lustrac, Françoise de Pompadour, qui mourut à Saint-Germain en Laye le vingt-huitième jour de décembre 1548, dans les Poésies de Saint-Gelais, p. 174, éd. de 1719.
[3] Le contrat de mariage du 27 mai 1544 est à la Bibliothèque nationale, fonds français, n° 2748.

de Guise, Claude, qui avait six fils qu'il fit très grands ; le connétable avec les siens, et après eux Saint-André, entouré de neveux et autres parents tous pauvres et lui-même à qui il fallait grandement ¹. »

En 1547, il fut fait maréchal de France, chevalier de l'ordre et successivement premier gentilhomme de la chambre du roi, conseiller d'État d'épée, ambassadeur en Angleterre, gouverneur et lieutenant général des provinces de Lyonnais, Forez, Beaujolais, Haute et Basse-Auvergne, Bourbonnais, bailliage de Saint-Pierre-le-Moustier, Haute et Basse-Marche et pays de Combraille. Fait de pièces et de morceaux, expressément pour lui, c'était le plus grand gouvernement de France, en plein cœur du royaume, « un gouvernement, dit Carlois, de plus grande étendue que tout autre, pour prince qu'il ait esté, ait pu obtenir jamais ². » Entre temps, il avait arraché à son maître des successions d'aubains ou de bâtards, des confiscations de huguenots, des taxes sur les nobles et les roturiers, comme le droit de francs-fiefs sur tout le Limousin, qui lui fut donné d'un seul coup ³.

Mais au moins il ne thésaurisait pas comme la favorite. Il dépensait royalement l'argent du roi. Lorsqu'il fut dépêché en Angleterre, une foule de gentilshommes se proposèrent pour l'accompagner. Il dut refuser beaucoup d'offres, réduire sa troupe à soixante, dont le moindre avait plus de 18,000 livres de rentes, « la pluspart riches seigneurs et parents de madame la maréchale, madame Marguerite de Lustrac, » les sieurs de Turenne, de Ventadour, de Pompadour, de la Rochefoucauld, de la Gastine, de Saint-Jean-de-Ligoure, etc., avec six pages de la chambre du roi. Le plus grand faste était de commande et lors de la réception de l'ambassade, « les Anglois s'esbahissoient merveilleusement de veoir une si excellente trouppe de François et non moins riches de pierreries que leur roy, car seulement le sieur de Saint-Jean-de-Ligoure, qui estoit des moindres pour le revenu, mais au reste, l'un des beaux et agréables gentilshommes qu'on eust sceu regarder, en avoit sur luy pour plus de 20,000 escus, de sorte que, en ceste grande salle, parce qu'en devisant on se tourne et revire souvent, ce n'estoient que

---

¹ *Mémoires de Vieilleville*, l. II et V.
² *Ibidem*, l. II, ch. 16 ; l. III, ch. 19.
³ Bonaventure de Saint-Amable, *Annales du Limousin*, p. 780 (Limoges, 1685).

rayons, estincellemens et esclairs qui esblouissoient la veue des regardans [1]. » Le roi avait ordonné à son ambassadeur « de ne recevoir un seul traictement des Anglois, » et tous les vivres et présents envoyés par la cour d'Angleterre furent rigoureusement refusés. Le maréchal recevait chaque jour de France le nécessaire pour sa table et son train somptueux. Il avait organisé pour cela un service de trente-six chevaux : douze allaient de Paris à Abbeville, douze d'Abbeville à Boulogne, et douze venaient de Richmond à Douvres prendre ce que les barques conduisaient, « et marchoit nuit et jour cette diligence. » Le menu de chaque repas était de douze plats de services et dix plats de desserts, « en telles raritez que tous ces milords maudissoient l'intempérie de leur climat » et il ne fut jamais servi bœuf, veau ni mouton que pour les potages [2]. Saint-André apportait à Édouard VI le collier de Saint-Michel : le roi ne crut pouvoir moins faire que d'honorer un si magnifique ambassadeur de l'ordre de la Jarretière. Trois Français seulement possédaient à cette époque cette très haute et très rare distinction : le roi, le connétable de Montmorency et le maréchal de Saint-André [3]. « Mon dit sieur le maréchal, dit Brantôme, se montra un vray Lucullus en luxes, bombances et magnificences : et durant les guerres, aux camps, aux armées, tout pareil en valeur, en cœur et en réputation de grand capitaine [4]. » Mais la comparaison a été jugée défavorable à Lucullus [5]. L'un et l'autre poussèrent aux dernières limites le goût de la dépense et de la bonne chère, des jouissances matérielles, mais le Romain, sans être plus valeureux ni plus libéral, fit davantage pour le profit de sa patrie, protégea les arts et les lettres, fut populaire, laissa une mémoire honorée. Il n'en fut pas de même du favori de Henri II. Dans son parti, il était redouté, envié plus qu'admiré. On peut voir comment en parle Vieilleville, qui se dit son plus grand ami [6]. Les huguenots l'abhorraient, l'ont diffamé, lui reprochant ses concussions, sa corruption, lui prêtant même des

---

[1] *Mém. de Vieilleville*, l. III, ch. 29.
[2] *Ibid.*, ch. 27 et suiv.
[3] Brantôme, art. du maréchal de Saint-André.
[4] *Ibidem.*
[5] *Dict.* de Chaufepié, art. SAINT-ANDRÉ.
[6] C'est Vieilleville qui parle par la bouche de Vincent Carlois, l. II, ch. 10 et suiv.

vices contre nature [1]. Après sa mort, il fut oublié comme s'il n'eût fait aucune figure en son temps.

Dans le château de Valléry en Gâtinais, près Sens, construit par le maréchal depuis son mariage, les deux époux tenaient leurs états, une véritable cour de dames et de gentilshommes, recevaient avec une pompe qui dépassait celle des princes, s'ingéniaient à tous les luxes et à tous les raffinements, particulièrement celui de la table. Ils avaient entassé dans cette belle demeure des meubles du plus grand prix, des objets rares, des curiosités de tout ordre. « Pour les superbetez de belle parure et de beaux meubles, M. de Saint-André en a surpassé mesme les roys, dit Brantôme. Entre autres, il y avoit une tente de la bataille de Pharsalles...., chose très riche et belle à veoir et qui se pouvoit quasi parangonner à cette belle tenture du roy Françoys, toute relevée d'or et de soye, représentant le triomphe de Scipion.... Elle avoit cousté 22,000 escus de ce temps-là, qui estoit beaucoup. Aujourd'huy, on ne l'auroit pas pour 50,000. » Il y avait encore une cuvette d'argent sans pareille dans le royaume, du prix de 10,000 livres, « des tapis velus, tout d'or persians, des fourrures de martres et de loups-cerviers, » des tableaux, des marbres précieux, des dentelles de Brabant et de Venise, le linge le plus beau et le plus fin qui fût en France, le tout à profusion [2]. C'est là, sans doute, vers 1546, que naquit Catherine d'Albon, l'unique enfant qui devait provenir de cette union.

Valléry n'avait pas suffi. La maréchale souhaitait une semblable installation dans le Midi, en Guyenne, où étaient sa fortune et sa parenté. En 1550, son mari acheta pour lui plaire, de l'héritière de Lautrec [3], la grande terre de Coutras et Fronsac titrée vicomté. Le maréchal y fit construire un château si magnifique qu'il donna lieu à un de ces contes absurdes qui reflètent néanmoins l'impression des contemporains. — « Ha! que tu cousteras! » avait dit une vieille mendiante en voyant les fondations s'élever sur un espace immense. Et le maréchal, flatté de l'ex-

---

[1] Brantôme, ibid.; Bèze, *Hist. des Églises réformées*, éd. de Lille, 1841, t. I, p. 43.
[2] Brantôme, articles de Saint-André et de François I*er*, et ms. 17881 du fonds français de la Bibliothèque nationale.
[3] Claude de Foix, veuve du comte de Laval.

clamation, avait ordonné que le château se nommerait Coutras, car auparavant le lieu s'appelait Saint-Jean [1]. Pendant la construction, en 1551, Henri II, qui ne refusait rien à son favori, érigea Fronsac et Coutras en comté et quatre ans après en marquisat.

La maréchale jouissait avidement de ces honneurs, de ce faste, de cette grasse vie. A la cour, elle avait le premier rang après les princesses [2], brillait par sa beauté et sa parure dans toutes les cérémonies et toutes les fêtes. A son passage dans les bonnes villes, elle était reçue aux portes par les consuls, conduite en pompe à son logis, gratifiée de riches présents [3]. Le sieur de Billon, dans son curieux livre : *Le Fort inexpugnable de l'honneur du sexe feminin*, nous apprend qu'elle allait comme une reine entourée de ses filles d'honneur, toujours accompagnée de la belle Beaurecueil et de la gracieuse Téligny. Il la surnomme Marguerite de douceur. Elle était jeune, heureuse, ne montrait pas encore le fond de son âme. Dans ses châteaux de Bourgogne et de Guyenne, où personne ne la primait, elle affichait l'orgueil et la splendeur jusqu'à scandaliser l'opinion pourtant peu sévère en ce temps de trouble et de licence. Tous les vaisseaux qui suivaient le fleuve au pied de Fronsac étaient tenus de la saluer d'un coup de canon [4].

Il y eut quelques nuages dans ce ciel. Le maréchal était homme de plaisir, mais avant tout homme de guerre et des plus brillants. Il ne valait que par là. Devant l'ennemi, il hasardait sa vie comme si elle eût été des plus misérables, et pas une action de quelque importance n'eut lieu de son temps qu'il n'y figurât avec honneur. Trois mois après son mariage, il était au siège de Boulogne. Il batailla presque sans relâche dans les Trois-Évêchés, les Pays-Bas, sur la frontière de Champagne, à Saint-Quentin, où il fut fait prisonnier. Mais ces fréquentes séparations, ces périls, toute femme de gentilhomme au XVIe siècle

---

[1] *Chronique bordelaise*, de J. de Gauffreteau, t. I, p. 92 (Bordeaux, 1878). Le nom de Coutras est beaucoup plus ancien et paraît tirer son origine du *Costerate* des Romains.
[2] *Mémoires du duc de Guise*. Collection Michaud, p. 144.
[3] A Limoges, en 1551. Les consuls lui offrirent « une couppe d'argent dorée de la valeur de cinquante ung escuz. » *Registres consulaires de Limoges*, t. I, p. 449 (Limoges, 1867).
[4] Guinodie, *Histoire de Libourne*, t. III, p. 192 (Bordeaux, 1845).

y était habituée, les supportait vaillamment. La disgrâce du roi était un malheur plus intolérable. Henri II vint à se lasser des exigences de son favori. Il se souvint que son père n'aimait pas Saint-André et lui avait recommandé de s'en défendre autant que des Guises. La reine Catherine, sans grande influence, il est vrai, détestait aussi le maréchal, courtisan de sa rivale, et ne perdait aucune occasion de le desservir. Henri II lui en voulut, dit-on, de la sanglante défaite de Saint-Quentin, amenée par défaut de tactique et où Montmorency, Montpensier, Longueville et six cents autres gentilshommes avaient eu le même sort que le maréchal (1557). Il est certain que le roi ne se hâta pas de le délivrer et que, durant sa captivité, il disposa des gouvernements du Lyonnais, Beaujolais, Haute et Basse-Marche, en faveur du sieur de Grignan [1]. Le maréchal, remis en liberté, resta quelque temps en défaveur, se retira à Coutras; mais on ne pouvait se passer longtemps de son épée et il fut rappelé.

Avec ses instincts, dans cette existence voluptueuse, au milieu de la corruption élégante des derniers Valois, dans la fleur de l'âge et de la passion lorsque son mari touchait à la vieillesse, Marguerite de Lustrac pouvait difficilement rester à l'abri des entraînements. Elle conquit quelques titres à figurer dans la galerie des dames galantes de Brantôme et on l'y rencontre sans doute plus d'une fois sans être nommée. Cependant, du vivant de son mari, on ne lui connaît qu'une intrigue amoureuse qui ne fit pas grand éclat. Elle fila un roman avec Antoine de Bourbon, roi de Navarre, et fut rivale en même temps de Jeanne d'Albret, la femme légitime, et de la maîtresse, Mlle du Roüet. Le roman arriva-t-il à conclusion? Jeanne d'Albret n'a pas voulu y croire. Pourquoi serions-nous plus royalistes que la reine? C'est Joachim du Bellay qui nous a conservé le souvenir de cette bataille de dames. On trouve, en effet, parmi ses poésies, la pièce suivante, dont l'héroïne est à peine dissimulée sous des initiales transparentes.

CHANSON POUR M. LA MARES. DE S. A.

Je ne puis dissimuler
L'amitié que tant je prise,
Aussi ne veux-je céler
Qu'en prenant je ne sois prise :

---

[1] Carrés de d'Hozier, t. XIII, p. 102. Bibliothèque nationale, mss.

Puisqu'amour m'a faict cognoistre
Que l'honneur en est le maistre,
Je n'aye crainte qu'on le voye
Et veux bien que chascun l'oye,
Car ce qui est louable à le penser
Ne doit point l'œil ny l'oreille offenser.

Ce n'est folle affection
Qui me tient en servitude,
Mais une obligation
Pour fuir ingratitude,
Ne pensez donc que j'offense
Ny moy ny ma conscience
Quand un tel amy j'honore,
Ou plus tost quand je l'adore ;
Car sa vertu ne se doit moins aymer
Qu'ingratitude accuser ou blasmer.

Je laisseray donc parler
Ceux qui font de moy leur compte [1]
Un point me peult consoler
Que ne puis recevoir honte.
De leurs langues je me garde,
Ayant honneur soubs ma garde,
Celuy qui aymer me daigne
Me conduict soubs son enseigne,
Et à bon droict celuy qui garde honneur
Car il est peinct au vif dedans mon cœur.

Ces stances jaculatoires ayant été connues à la cour, Jeanne d'Albret y répondit :

RESPONSE FAICTE PAR LA ROYNE DE NAVARRE

Amour contre amour querelle,
Si par double effect contraire
Le mien l'on me vient soubstraire,
A l'honneur l'honneur j'apelle.

Sotte amour et ignorance
Aveuglent une cervelle
Et font qu'un songe on révelle
Au lieu de vraye apparence.

Celle qui fait tant sa gloire
D'aymer aussy d'estre aymée
Feroit feu après fumée
S'elle me le faisoit croire.

[1] Il faut lire sans doute : leur conte.

> Mais le sainct où elle voue
> A mon offrande receue
> Et ma fermeté cogneue
> Qui sait qu'ailleurs ne se loue [1].

Jeanne d'Albret se montre d'assez mauvaise humeur dans sa réponse, car il paraît qu'elle est de sa façon et non de la veine de du Bellay [2]. Cette pointe de jalousie laisserait croire qu'elle craignait plus qu'elle ne le voulait dire une nouvelle infidélité de son volage époux. Du Bellay étant mort le 1ᵉʳ janvier 1560, l'aventure se place au plus tard en 1559, peut-être en 1558. La reine de Navarre vint à la cour en ces deux années, et Antoine de Bourbon y était lui-même en 1559 [3].

A la mort de Henri II, son bienfaiteur, Saint-André avait des raisons de craindre que son étoile ne pâlit. La reine mère, son ennemie, arrivait au pouvoir. Il sentait que les récriminations, jusque-là contenues, éclateraient maintenant avec d'autant plus de force, il était exposé à des recherches pour les dons immenses qu'il avait reçus du Trésor public; quoique très riche, sa prodigalité dépassait ses ressources : il avait une meute de créanciers à ses trousses. La prudence lui conseillait de s'éloigner, de tâcher de se faire oublier. Il se retira avec la maréchale à Coutras, et ils y séjournèrent près de deux ans, tenant maison ouverte, attirant leurs parents, leurs amis, cherchant à se faire des créatures. Le premier danger passé, ils firent pourtant, à intervalles, acte de présence à la cour. Rival secret des Guises, le maréchal vivait politiquement avec eux, mais voyant le petit roi François II sous leur main, il se soumit, s'enrôla sans hésiter dans leur camp. Ne pouvant plus être le favori, il voulait du

---

[1] *Les Œuvres françoises de Joachim du Bellay*, f° 351, éd. de 1583.

[2] La plupart des auteurs qui parlent de la maréchale passent cette aventure sous silence. Quelques-uns ont grossièrement erré sur ce sujet. Leroux de Lincy, dans son *Recueil des chants historiques français du XVIᵉ siècle* (p. 207), donne la poésie de la reine de Navarre comme une « Chanson sur les amours du prince de Condé et de la belle Limeuil. » Évidemment il n'avait pas lu du Bellay. D'autres pensent que la maréchale et Jeanne d'Albret aimaient en même temps le prince de Condé et que la querelle avait lieu à son endroit, ce qui n'est pas moins erroné. La reine de Navarre était la belle-sœur de Louis de Bourbon. (Dreux du Radier, dans un article du *Journal de Verdun*, an. 1763.) Boursault, dans son roman *Le Prince de Condé*, a été mieux informé.

[3] *Lettres d'Antoine de Bourbon et de Jehanne d'Albret*, publiées par M. de Rochambeau, p. v, 186; Paris, 1877.

moins se placer « à la fumée de la faveur, » suivant l'expression de Vincent Carlois. Il proposa au duc de Guise de s'associer, par les liens les plus étroits, à sa fortune. Catherine d'Albon, sa fille unique, était alors âgée d'environ treize ans. Il l'offrit au duc pour son fils ainé, Henri, prince de Joinville, qui devint le Balafré. Le futur avait deux ans de moins que la fiancée, les rangs n'étaient pas égaux, mais le duc était chargé d'enfants et l'établissement était fort avantageux au point de vue de la fortune, encore accrue par de récents héritages [1]. Le maréchal avait d'autre part une légion de gentilshommes à sa dévotion, à Paris, en Bourgogne, en Guyenne, en Limousin, où sa mère et sa femme avaient leur parenté. Brantôme et Vieilleville en donnent une longue liste. Cet appoint n'était pas à dédaigner pour les visées des Guises. Le pacte fut conclu. Saint-André retrouvait ainsi protection et défense, pouvait braver ses ennemis, continuer sans trouble cette existence de faste insolent. Marguerite de Lustrac reprit sa place à la cour, fut nommée dame d'honneur de Marie Stuart [2].

Nous voyons sans illusion ces deux époux, et cette étude montrera en Marguerite de Lustrac un type peu commun de passion et d'intrigue, mais nous resterons dans la vérité historique, sans rien emprunter, comme d'autres l'ont fait pour les flétrir davantage, à une imagination déréglée. Dans un roman publié au xvii° siècle sous le pavillon de l'histoire et dont les nombreuses éditions attestent le succès [3], le maréchal, sa femme et sa fille sont représentés comme descendus au dernier degré de l'ignominie, de l'immoralité et de la perfidie; le prince de Condé, les Guises, l'amiral et l'amirale de Coligny y sont peints sous des traits aussi peu nobles. Si l'on s'en rapportait au fameux critique Bayle, l'œuvre de Boursault serait « une manière de roman où l'on voit plusieurs faits historiques très curieux et très fidèlement rap-

---

[1] Isabeau de Pompadour, sœur de Françoise, avait épousé Bertrand de Lustrac, baron de Gavaudun, frère d'Antoine. Veuve en 1524, elle se remaria à François Bouchard d'Aubeterre, mais n'ayant pas d'enfants, elle laissa toute sa fortune à Marguerite de Lustrac et au maréchal, ses neveux. Inventaire ms. des titres du château de Pompadour.

[2] *Négociations du règne de François II*, par Louis Paris, p. 745 (Paris, 1841).

[3] *Le Prince de Condé*, roman historique, par Boursault. La 1re édition anonyme est de 1675. Celle donnée chez Didot en 1792 n'est pas la dernière, mais est la plus utile à consulter à cause des notes et additions de J.-B. de la Borde.

portés ¹. » Mais M. le duc d'Aumale a dit du même ouvrage, avec plus de raison, que « dans ce conte assez libre, les noms seuls appartiennent à l'histoire et que les rôles et les caractères sont de pure fantaisie ². On peut ajouter que, quelles que soient les libertés usurpées par le roman soi-disant historique, il n'est pas permis de les pousser jusqu'aux inventions les plus absurdes et aux calomnies les plus révoltantes. Cette fable ridicule se noue en 1559 par les amours de François II et de Catherine d'Albon, que son père, accompagné du duc de Guise et autres seigneurs, surprend dans le lit du roi, croyant saisir l'amirale en rendez-vous galant. Or, en 1559, le petit roi François II était âgé de quinze ans et venait d'être marié à la merveilleusement belle Marie Stuart, dont il était très épris. Faible de corps et d'esprit, ce « roi sans vices » (il fut ainsi nommé) n'était point enclin à ces excès ³. Quant à sa prétendue maîtresse, dont la faveur connue de toute la cour ne fit qu'enorgueillir le maréchal et sa femme, elle avait treize ans à peine. Le reste est à l'avenant. Saint-André, la maréchale, le prince de Condé, ne sont pas à l'abri des sévérités de l'histoire, cette justice suffit. Ce n'est pas le cas de forcer la vérité, il faudrait plutôt l'adoucir. Puisée impartialement aux sources les plus sûres, elle peut sembler déjà une recherche de scandale.

L'année suivante n'était pas écoulée que Charles IX succédait à son frère. Catherine de Médicis prenait le gouvernement avec les princes du sang. Les Guises perdaient la meilleure part de leur influence, et l'impopularité de Saint-André n'avait plus de contrepoids. Aussi les États, réunis à Paris le 15 mars 1561, avaient-ils demandé formellement dans leur délibération que le maréchal fût exclu du conseil et tenu de rendre compte des dons excessifs qu'il avait reçus du feu roi Henri et d'en payer le reliquat ⁴. Mais il réussit encore à se sauver en organisant avec le duc de Guise et le connétable de Montmorency cette association connue sous le nom de triumvirat, et dont le but était à la fois

---

¹ *Critique de l'histoire du calvinisme*, dans les *Œuvres diverses*, t. II, p. 17, éd. de 1719, et *Dictionnaire historique*, art. LISEUIL.
² *Histoire des princes de Condé*, t. I, p. 267 et suiv.
³ Les auteurs sont unanimes à cet égard. V. *Mémoires historiques d'Amelot de la Houssaye*, art. SAINT-ANDRÉ, et *Dictionnaire historique* de Marchand, art. BOURBON, d'après les écrivains du temps.
⁴ *Négociations de François II*, p. 833.

de faire échec à l'autorité royale et aux progrès menaçants du parti réformé. Tour à tour éloigné de l'armée ou rappelé aux affaires par la politique de bascule de la reine mère, il prouva, dans la première guerre civile, que sa main quasi sexagénaire pouvait encore peser dans la balance.

Le 19 novembre 1562, fut livrée la bataille de Dreux, entre les protestants et l'armée royale. Louis de Bourbon, prince de Condé, et Téligny conduisaient les rebelles; les triumvirs commandaient les troupes du roi. A trois heures après midi, les huguenots avaient la victoire, le connétable était fait prisonnier. Lorsqu'un courrier arriva bride abattue, vers deux heures du matin, porter la nouvelle à Catherine de Médicis, elle affecta un grand calme, quoique épouvantée des conséquences que pouvait entraîner l'événement. « Eh bien, dit-elle, nous prierons Dieu en français [1]. » Mais elle songeait déjà à abandonner une partie du royaume aux vainqueurs et à se réfugier en Guyenne avec le jeune roi. La nuit entière et le lendemain elle délibéra sur cette terrible nécessité, mais vers le soir un groupe de cavaliers entrait bruyamment dans la cour du palais, criant : Victoire, victoire! Elle courait avec émotion à la fenêtre, et le sieur de Losses et ses compagnons, l'épée au clair, lui jetaient ces paroles : « M. de Guise a gagné la bataille, le prince de Condé est son prisonnier. » Après la capture de Montmorency, Guise et Saint-André, revenus à la charge, avaient fait des prodiges de valeur, changé le sort des armes. Le chef de l'armée tout à l'heure victorieuse s'était rendu à merci. Mais le maréchal avait trouvé la mort dans cet admirable élan. Poursuivant trop chaudement la déroute, il s'était trouvé seul, cerné dans un gros de cavalerie. Pris à rançon, il avait au moins la vie sauve, lorsqu'un nommé Bobigny, catholique entré par vengeance dans les rangs huguenots et dont Saint-André possédait les biens par confiscation, le tua de sang-froid, malgré la parole donnée [2]. C'était une grande perte pour son parti; elle produisit pourtant peu d'impression, il ne fut regretté par personne. Les historiens parlent surtout des mauvais souvenirs qu'il laissa. Ce brillant homme de guerre, qui tint une place si considérable sous quatre rois, attend encore

---

[1] Lacretelle, *Histoire des guerres de religion*, t. II, p. 122 (Paris, 1822).
[2] Vieilleville, l. VIII, ch. 37; d'Aubigné, *Histoire univ.*, t. I, l. III, ch. 25.

une biographie plus sérieusement étudiée que les mentions banales des dictionnaires.

II.

Marguerite de Lustrac ne garda pas mieux la mémoire de son mari. Il laissait une fille mineure et des dettes criardes. Héritière à charge de rendre et sous bénéfice d'inventaire, la maréchale dut faire de l'argent avec les beaux meubles de Valléry. « Après sa mort, dit Brantôme, on les a vus vendre à Paris aux enquans, desquels on ne peust quasi jamais voir la fin tant ils durèrent [1]. » La maréchale avait écrit à la reine pour l'engager à acquérir les plus belles pièces, mais la cassette royale se vidait pour d'autres arts que ceux de la paix. Il était douloureux de laisser se disperser ces merveilles ; la veuve en racheta la plus grande partie. Le maréchal de Vieilleville eut aux enchères la belle tenture de la bataille de Pharsale, dont il orna sa grande salle de Durtal [2].

La duchesse de Guise (Anne d'Este) réclama Catherine d'Albon pour l'élever près d'elle. C'était un usage du temps que la future belle-mère prît, dès son bas âge, à son foyer, pour la former suivant ses idées, la fiancée promise à son fils, surtout lorsque celle-ci était orpheline. S'agissant d'une fille unique, la mesure pouvait rencontrer des résistances dans le cœur d'une mère tendre et dévouée : la maréchale s'y prêta avec empressement. En se séparant de sa pupille elle gagnait son indépendance, dont elle avait hâte de jouir.

Durant cette première année du veuvage de Marguerite de Lustrac, après la paix d'Amboise, qui suivit la bataille de Dreux, le prince de Condé, sorti de captivité, vint à la cour. Âgé de trente-trois ans, marié à la vertueuse Éléonore de Roye, déjà père de sept enfants, il affichait des mœurs plus que galantes. De figure agréable, quoique d'un type commun, petit de taille, légèrement contrefait, ayant les épaules inégales, il était néanmoins plein de grâce et de séduction. Vaillant capitaine, remuant, spirituel, magnifique, sans convictions gênantes, il s'était laissé faire chef des huguenots pour jouer un rôle. Tous les succès lui

[1] Brantôme, art. du maréchal de Saint-André.
[2] *Ibidem.*

semblaient promis et permis. Il avait le don de plaire, de se faire tout pardonner. Une auréole l'entourait comme un preux des anciennes légendes. Dans cette cour dissolue, c'était un modèle admiré du plus brillant courage, de la plus exquise élégance et du libertinage le plus effronté.

> Ce petit homme tant joly
> Tousjours devise et tousjours rit
> Et tousjours baise sa mignonne.
> Dieu gard de mal le petit homme [1].

L'opinion du temps n'allait pas plus loin que cette indulgente raillerie.

Il eut bien vite besoin d'une maîtresse, et jeta son dévolu sur la beauté la plus agaçante de ce fameux escadron volant de la reine mère, de ces filles d'honneur dont la charge était si difficile à remplir, suivant un mot connu. C'était la charmante et hardie Isabelle de Limeuil. Les historiens protestants prétendent que la reine mère fut l'entremetteuse de cette liaison, endoctrina sa suivante, qui était sa propre cousine, pour tenir le prince en laisse [2]. C'est, je crois, subtiliser. Un homme galant et une fille coquette, à une époque de licence et de dévergondage, peuvent être attirés l'un vers l'autre sans que la politique s'en mêle. Ceux qui ont soutenu que la *bona voglia* [3] y suffit de part et d'autre doivent être dans le vrai. La belle n'était pas novice. Plusieurs vantaient à bon droit ses charmes, et Ronsard et Brantôme ont trouvé de sincères accents de gratitude pour les célébrer en prose et en vers [4]. Elle était bien, dans le moment, pourvue d'un amoureux, mais ces chassés-croisés de la galanterie ne sont pas d'invention moderne. Florimond Robertet, sieur de Fresnes, resta l'amant de cœur d'Isabelle, le prince fut.... l'autre [5]. Chacun paraît s'être accommodé de son rôle. La maréchale de Saint-André vint compliquer l'imbroglio. Elle conçut

---

[1] Brantôme, *Hommes illustres*, art. du Prince de Condé.
[2] Remarques sur la Confession de Sancy, dans le *Journal du règne de Henri III*, t. II, p. 218, 224, éd. de 1720. Isabelle de la Tour de Limeuil était de la même maison que la mère de Catherine de Médicis.
[3] Opinion développée longuement par Dreux du Radier dans son article du *Journal de Verdun*. L'expression, à l'italienne, est de lui.
[4] *Œuvres de Ronsard*, éd. Blanchemain, t. I, p. 48 ; V, p. 335. Cf. H. de la Ferrière, *Isabelle de Limeuil*, dans la *Revue des Deux Mondes*, 1ᵉʳ décembre 1883.
[5] H. de la Ferrière, *Isabelle de Limeuil*.

pour le prince une passion folle. Sans respect pour la digne femme qui donnait chaque année un enfant à son mari, et bravant la maîtresse qui allait aussi rendre père son nouvel amant, elle s'engagea dans cette conquête qui n'était pas sans analogie avec sa précédente aventure. Plus âgée que Condé, celui-ci ne pouvait guère être entraîné vers cette matrone déjà mûre. Elle employa tous les moyens pour le séduire, en dernier ressort l'intérêt. Et durant ces premiers mois de veuvage, elle poursuivit publiquement, pour ainsi dire, cette étrange lutte. Le maréchal à peine inhumé, cette femme exaltée quitta sa religion, se fit huguenote pour flatter le prince, l'aider dans ses desseins, se mêler à sa vie et sans doute pénétrer plus aisément à son foyer. Elle alla plus loin encore, elle lui offrit sa fille Catherine, la riche héritière, pour son fils aîné, Henri, marquis de Conti, âgé de onze ans. La proposition fut agréée. Faut-il oser dire, avec les détracteurs du prince, que le don de la fille avait scellé l'abandon de la mère? Ce soupçon ne saurait être éclairci. Que Condé se soit borné à flatter, avec une complaisance intéressée, cette passion légèrement surannée, à entretenir les ardeurs et les espérances de la maréchale, sans lui céder, « en se moquant d'elle [1], » son rôle ne gagne pas beaucoup en noblesse.

Ce n'était pas une petite affaire que d'enlever Catherine d'Albon à Anne d'Este. La maréchale, emportée par sa folie, ne redouta pas le conflit avec la petite-fille de Louis XII. Elle lui réclama nettement la pupille, déclarant qu'ayant changé de religion, elle ne voulait plus du mariage avec le prince de Joinville, et qu'elle destinait sa fille et l'avait promise au jeune marquis de Conti. La duchesse fut indignée, n'obéit pas, invoquant la proposition du maréchal, l'accord solennel des deux pères. La maréchale s'adressa à Catherine de Médicis, lui demanda une entrevue immédiate, menaçant de recourir à la justice si satisfaction n'était pas donnée à ses droits. S'immiscer dans cette querelle entre Guise et Bourbon, cela ne plaisait guère à la prudente Florentine! Au fond, elle préférait l'alliance avec Joinville et blâmait la maréchale de sacrifier sa fille à un caprice, mais ne voulait pas prendre parti ouvertement contre Condé. Elle essaya d'ajourner la visite, écrivit à la maréchale qu'elle la rece-

[1] *Mémoires de Castelnau*, éd. Le Laboureur, additions, t. II, p. 70.

vrait dans quelque temps à Amboise, et prévint la duchesse. Marguerite de Lustrac n'accepta pas le délai, vint trouver la reine à Paris, força sa porte. Cela se passait en février et mars 1563 [1], quatre mois à peine après la mort de Saint-André. Catherine de Médicis essaya de raisonner cette furieuse, lui rappela la volonté formelle de son mari, lui représenta que sa fille ne saurait avoir un plus grand honneur que cette union, ni être mieux élevée que par une princesse issue du sang royal de France. Ces admonestations n'eurent aucun succès. La maréchale déclara qu'elle reprendrait sa fille de gré ou de force.

Elle porta aussitôt sa demande devant les juges. Ce litige entre de si hautes personnalités, et dont le secret n'était pas caché, ne fut pas sans causer de l'émoi. Les Guises s'efforcèrent de faire traîner le procès. La reine mère, pour ménager les deux parties, opinait maintenant pour que la fille lui fût remise à elle-même. Le cardinal de Lorraine était pour cette mesure provisoire, qui sauvait au moins l'amour-propre. Au mois de novembre, il mandait de Trente à la duchesse : « J'escrips à la Royne et quant à moy je luy quitte la fille Saint-André. Je vous supplye et nostre cardinal [le card. de Guise] faictes en autant [2]. » Cependant les choses restant en l'état, la maréchale poursuivit son instance, et sa fille lui fut rendue par arrêt [3]. Elle n'avait pas d'ailleurs l'intention de la garder près d'elle, et la plaça au couvent de Longchamps, en attendant que le mariage pût être réalisé.

Pendant ce temps, Condé menait de front le devoir conjugal (Éléonore de Roye allait être mère pour la huitième fois), sa liaison avec Isabelle, son manège avec la maréchale. Le scandale allait croissant, devait grandir encore. Les puritains huguenots en étaient honteux et navrés. Il fut décidé qu'on adresserait au prince des représentations au nom de la religion et de la morale outragées. Les ministres, en corps, se rendirent vers lui pour le prêcher. Il fit le bon apôtre, s'excusa sur son tempérament,

---

[1] Bibliothèque nationale, fonds franç., n° 3180 ; *Lettres de Catherine de Médicis*, publiées par le comte H. de la Ferrière ; fin février et 26 mars 1563, t. I, p. 519, 545.

[2] *Lettres de Catherine de Médicis*, t. I, p. 545. note, et ms. 3180 de la Bibliothèque nationale.

[3] Dépêche de l'ambassadeur anglais Smith, citée dans les *Lettres de Catherine de Médicis*, t. I, p. 545 et suiv.

promit de s'observer, de faire effort pour s'amender. Les gentilshommes vinrent à leur tour, mais il les rabroua avec hauteur. Il accusa Coligny d'espionner sa vie privée jusque dans sa maison et congédia la compagnie en l'invitant à ne pas s'ingérer en de telles affaires [1]. Les ministres agitèrent la question d'excommunier tout au moins Limeuil, dont le débordement était plus notoire.

Le roi, suivi de sa cour, entreprit bientôt après ce tour de France qui devait aboutir à la célèbre entrevue de Bayonne. Au mois de juin 1564, il était à Dijon et recevait les gentilshommes, le clergé, les corps de justice dans l'hôtel du gouverneur Saulx-Tavannes. La reine mère était présente avec ses filles d'honneur. Tout à coup, une de celles-ci est prise de douleurs, on l'emporte dans la pièce voisine, où elle accouche quelques instants après. C'était Isabelle de Limeuil [2].

Un mois plus tard (13 juillet), la malheureuse Éléonore de Roye accouchait à son tour; mais le chagrin et la honte étaient venus augmenter son épuisement, et elle mourait dans les plus admirables sentiments de foi, de sollicitude pour ses enfants, de tendresse et de pardon pour son mari.

Le petit homme ne s'était point relâché de ses multiples amours. Limeuil ayant été mise en prison, il réclama l'enfant « pour le faire nourrir en prince. » C'est par de Fresnes, dont il daignait à peine être jaloux, qu'il recevait les nouvelles de la « pauvre ménine; » il lui écrivait des lettres passionnées, complotant son évasion, l'assurant qu'il tenait ce fils pour sien « autant que ceux de sa femme, » ne voulant pas qu'on dît « que deux y avoient passé [3]. » En même temps, il soignait la princesse dans sa longue agonie, faisait éclater une vive douleur sur le cadavre de cette noble créature, et ne délaissait pas la maréchale. Singulier état d'âme! mais il faut songer que c'était un prince du sang, sorte de héros, au sens mythologique, de

---

[1] Archives nationales, série B, 19, 158. Cf. H. de la Ferrière, *Isabelle de Limeuil*.

[2] *Journal de Henri III*, t. II, p. 223 et suiv.

[3] L'expression est de Condé : « Je vous assure, ma mye, qu'il m'ennuyeroit bien grandement que l'on pût prendre sujet de dire à qui est cet enfant, comme si deux y avoient passé. » Cf. H. de la Ferrière, *Isabelle de Limeuil*. V. aussi *Information contre Isabelle de Limeuil*, publiée par M. le duc d'Aumale. — Les nouvelles à la main que les huguenots publiaient alors, en latin

demi-dieu affranchi des devoirs du vulgaire, et qu'il vivait au temps des Valois !

La maréchale !..... Un rêve insensé qui avait parfois hanté son imagination sortait de l'invraisemblable et de l'impossible. La chimère insaisissable prenait un corps, s'approchait sous la forme de l'espérance. Éléonore de Roye dans le tombeau, Limeuil en prison, qui pouvait l'empêcher d'épouser Condé ? Elle connaissait ses faiblesses. Ces immenses biens, le comté de Valléry, le marquisat de Fronsac, la baronnie de Lustrac et vingt autres grosses terres, elle allait les mettre à ses pieds avec son violent amour. Ce capitaine, qui courait la fortune autant que la gloire dans les hasards de la guerre civile, ce chef de parti dont la puissance devenait formidable s'il cessait d'être besogneux ne refuserait pas un tel levier pour son ambition !

Marguerite de Lustrac ne s'arrêtait pas devant la mort. N'arrivait-elle pas à point, et comme la servante providentielle de ses desseins ? Ne fallait-il pas en profiter sur-le-champ ? Éléonore de Roye à peine disparue, que se passa-t-il entre les deux amants ? En même temps que de la consécration prochaine de leurs amours, parlèrent-ils de l'union future, encore bien éloignée, incertaine malgré tout, d'un garçon de douze ans avec une fille nubile depuis quelque temps et déjà remarquée à la cour [1] ? C'est Catherine d'Albon, en réalité, qui était marquise de Fronsac, comtesse de Valléry, baronne de Saint-Germain. La mère tutrice n'avait que les revenus. Il y a là un sombre mystère qui ne sera sans doute jamais percé, ou peut-être un de ces coups du sort qui répondent si bien à des vœux secrets et tranchent si à propos un nœud gordien, qu'ils suscitent injustement les plus noirs soupçons. Catherine d'Albon mourut presque subitement, d'une étrange maladie, au couvent de Longchamps. Sa

---

pour mieux braver l'honnêteté, résument tous les détails de ce scandale. La pièce est trop longue pour être reproduite en entier. La première strophe montre que la paternité de Condé n'était pas tenue pour si certaine :

Puella illa nobilis,   *Et quod hoc patiebatur*
Quæ tam erat amabilis,   *Ut Principem lucraretur.*
Commisit adulterium   *At multi dicunt quod Pater*
Et nuper fecit filium ;   *Non est Princeps, sed est alter.*
Sed dicunt matrem Reginam   *Qui Regi est a secretis,*
Illi fuisse matronam,   *Omnibus est notus satis.*

Mémoires de Castelnau, additions, t. II, p. 171.

[1] Brantôme, *Dames illustres*, article de Catherine de Médicis.

mère était son unique héritière. L'opinion publique n'hésita pas : elle accusa Marguerite de Lustrac d'avoir empoisonné sa fille, pour pouvoir, sans aucune entrave, apporter une énorme dot au prince de Condé [1]. Ce crime atroce, allégué par la généralité des historiens, n'est pas démontré, nous n'y croyons pas ; mais, pour qu'une mère pût en être soupçonnée, il fallait qu'elle fût tombée bien bas !

Condé était tiraillé en sens divers. Catherine de Médicis le poussait au mariage avec la maréchale, pensant que cette opulence mal acquise n'était pas pour le grandir. Les chefs huguenots voulaient pour leur général mieux que la richesse, une haute alliance digne de son nom. Ils n'estimaient pas ce prince voluptueux, sans religion et sans idéal, mais le prestige de son origine, sa proximité du trône, faisaient leur force. Sans un prince du sang avec eux, ils n'auraient plus été un parti politique. Ce mariage louche dégraderait leur drapeau. « Mieux vaut un pouce d'autorité avec honneur qu'une brassée sans honneur, » avait dit rudement Coligny, lorsque Claude de Lorraine épousa la fille de Diane de Poitiers. Condé se laissait ballotter, cajolait ses deux amies (il avait fait sortir Limeuil de prison), écoutait d'autres propositions de mariage avec Marie Stuart, avec la veuve du duc de Guise, assassiné par Poltrot. La maison de Lorraine fondue avec la maison de Bourbon, Catherine de Médicis ne l'eût pas souffert !

Dans ces tergiversations, la maréchale avait frappé un grand coup. Maîtresse maintenant de la fortune de sa fille dont elle s'était portée héritière [2], elle avait donné au prince, par donation entre-vifs, sans aucune réserve, la terre comtale de Valléry avec le château et le mobilier somptueux. Condé accepta, laissant toujours espérer la récompense. « C'estoit, dit Brantôme, une libéralité qu'une grande emperière ou reyne n'en eust voulu user [3]. » La terre de Valléry rapportait net six à sept mille livres de rentes, plus de 60,000 francs d'aujourd'hui. Condé en prit immédiatement possession, et lui et ses successeurs se titrèrent

---

[1] *Mémoires de Castelnau*, additions de Le Laboureur, t. II, p. 76, le P. Anselme, Moréri, etc., d'après les historiens du temps.
[2] Bibliothèque nationale, fonds franç., n° 2748. Elle comparaît dans plusieurs actes en cette qualité.
[3] Article du maréchal de Saint-André.

bravement comtes de Valléry. C'est là qu'ils choisirent le lieu de leur sépulture [1].

Quoiqu'il n'y ait pas « deux morales, » il faut voir les choses dans leur milieu, avec les idées du temps. Brantôme, que nous trouvons cynique et qui n'est qu'un miroir reflétant banalement tout ce qui tombe sous son angle, s'est exprimé en termes crus sur ces mœurs étranges qui ne l'indignent pas. Le prince n'avait-il pas dépassé la mesure, même au sentiment de ses contemporains?.... Ils ne cessèrent pourtant de l'admirer comme un grand homme. Malgré tout, il en avait des parties. La postérité n'a pas cassé leur jugement.

Dans le trio on n'était pas sévère. Limeuil en liberté tolérait la maréchale, écrivait à l'ami commun après la mort de Catherine d'Albon : « Veuillez aider la pauvre mère, car je crois qu'elle aura besoin de votre aide [2]. » Elle alla même visiter Condé à Valléry. Il n'est pas dit que l'une et l'autre n'y aient reçu en même temps la plus tendre hospitalité.

Cependant, quelques mois après (novembre 1565), Louis de Bourbon épousait Françoise d'Orléans-Longueville.

La maréchale dut ressentir avec la vivacité de sa nature le désespoir de son amour trompé et le dépit de ses libéralités perdues. Cette grande déception ne l'abattit pas. Durant ces trois années, le feu de sa passion avait pu s'amortir. La rupture ne fut pas violente. Et y eut-il rupture ? Il est certain que le prince resta son ami. Après ce mariage on le voit s'intéresser à ses affaires, recommander chaudement ses procès [3].

Avec Limeuil, il y eut plus d'éclat. Poussé, dit-on, par sa femme, en ce cas fort maladroite, il osa lui réclamer tous les présents qu'il lui avait faits. Pour ces anecdotes, il faut laisser parler Brantôme en l'expurgeant un peu : « Ceste dame en eut un grand crève-cœur.... Elle lui renvoya le plus beau et le plus exquis où estoit un beau miroir avecques la peinture dudict prince, mais avant pour le mieux décorer, elle prit une plume et de l'encre et luy ficha dedans de grandes cornes au beau

---

[1] Au commencement du xviiie siècle, Valléry appartenait encore aux fils du Grand Condé et rapportait alors 10,000 livres de rentes. *Noblesse et terres titrées du royaume.* Ms. ex meis.

[2] H. de la Ferrière, *Isabelle de Limeuil*.

[3] Lettre à Morvilliers. *Histoire des princes de Condé*, par M. le duc d'Aumale; t. I, p. 558.

milan du front et délivrant le tout au gentilhomme luy dit :
« Tenez, mon amy, portez cela à vostre maistre, et que je lui
« envoye tout ainsy qu'il me le donna.... et dictes à ceste belle
« princesse sa femme qui l'a tant sollicité à me demander ce
« qu'il m'a donné, que si un seigneur de par le monde (le nom-
« mant par son nom, comme je sçay) en eust faict de mesmes à sa
« mère et luy eust répété et osté ce qu'il luy avoit donné.... par
« don d'amourettes, qu'elle seroit aussy pauvre d'affiquets et
« pierreries que damoiselle de la cour.... que maintenant elle
« seroit tous les matins à cueillir des fleurs pour s'en accommo-
« der au lieu de ces pierreries : or, qu'elle en fasse des pastés
« et des chevilles, je les luy quitte [1]. »

Ces Limeuils ne craignaient ni dieu ni diable, même aux heures les plus terribles. L'aînée d'Isabelle, fille d'honneur comme elle, fit à la cour une fin joyeuse et plaisante, digne de sa vie. « Durant sa maladie, dont elle trespassa, jamais le bec ne luy cessa, ains causa tousjours, car elle estoit fort grand parleuse, brocardeuse et fort à propos et fort belle avecques cella. Quand l'heure de sa mort fut venue, elle fit venir à soy son vallet, et s'appeloit Julien qui jouoit très bien du violon : « Julien, luy
« dit-elle, prenez vostre violon et sonnez moy toujours jusqu'à
« ce que me voyez morte (car je m'y en vais) la desfaicte des
« Suisses et le mieux que vous pourrez, et quand vous serez sur
« le mot : *Tout est perdu*, sonnez-le par quatre ou cinq foys, le
« plus piteusement que vous pourrez ; » ce que fit l'autre et elle mesme luy aydoit, et quand ce vint à *Tout est perdu*, elle le récita par deux foys et se tournant de l'autre costé du chevet, elle dit à ses compagnes : « Tout est perdu à ce coup et à bon
« escient, » et ainsi décéda [2]. » Mais laissons les Limeuils et le prince de Condé, dont on connaît la mort misérable à Jarnac, après la bataille. Revenons à la maréchale.

III.

Marguerite de Lustrac prit son parti. Avant la mort de Condé, elle était remariée (16 octobre 1568). Mais des hauteurs où elle

---

[1] Brantôme, *Dames galantes*, 6ᵉ discours.
[2] Brantôme, *Dames*, 8ᵉ discours.

s'était portée un instant, quelle chute ! L'âge, la naissance, la fortune, étaient pourtant en rapport. Elle avait dépassé quarante ans. Geoffroy de Caumont en avait plus de cinquante. Il était riche et de grande maison, mais sans aucune considération. Longtemps homme d'Église, de ces abbés séculiers dont Brantôme n'est pas le type le plus méprisable, il cumulait depuis trente ans les dignités et les bénéfices ecclésiastiques. Protonotaire apostolique, abbé d'Uzerche dès 1540, de Vigeois, de Cleyrac, prieur de Brive, il avait, après la mort de son frère aîné, quitté le petit collet en gardant les abbayes. Le plus curieux, c'est qu'il était huguenot, mais « huguenot à couvert, réaliste et poltronesque ; » il déjeunait de la messe et dînait du prêche, faisant pérorer les ministres devant ses moines d'Uzerche et de Cleyrac qu'il corrompit. « N'ayant ni cœur, ni main, ni jugement, » dit Théodore de Bèze [1], il était mésestimé dans les deux partis. Monluc en parle avec encore plus de dédain. Brantôme n'a que deux mots sur ce mariage, mais c'est assez. « J'ay cogneu une dame qui avoit épousé un maréchal de France beau et vaillant, et en secondes nopces elle alla en prendre un tout au contraire de celuy-là [2]. » C'est de Marguerite de Lustrac qu'il s'agit. Elle comprenait bien sa déchéance, car devenue baronne de Caumont, elle continua de se faire nommer la maréchale de Saint-André [3].

Le caractère des deux époux se peint dans un procès dont les détails nous ont été conservés par un de ces vieux arrêtistes que personne ne lit plus. Au temps de son veuvage, la maréchale avait à son service un maître d'hôtel et une femme de chambre qui l'assistaient depuis quatorze ans. Ces braves gens voulurent se marier ensemble. Les quatorze années de gages leur étaient dues. Leur maîtresse parut s'acquitter largement en leur constituant une dot de 6,000 livres, payables par fractions en quatre ans. Le premier terme échu ne fut pas payé. L'ex-femme de chambre et son mari réclamèrent en vain, les termes s'accumulèrent, et comme il s'agissait en définitive d'une libéra-

[1] *Hist. des Églises réformées*, t. II, p. 466.
[2] Brantôme, *Dames galantes*, 4° discours. Geoffroy de Caumont garda ses abbayes longtemps après son mariage. Monluc, éd. de Ruble, t. II, p. 372. On lit dans le *Thuana* (Amsterdam, 1740) : « Il se maria fort vieil, et s'appeloit le Protonotaire. »
[3] Brantôme, *ibidem*.

lité rémunératoire, ils portèrent leur demande en justice au commencement de 1568. La maréchale se défendit, soutint avoir été induite par dol à la donation, la révoqua, usa de toutes les ressources de la procédure, des privilèges de sa qualité et de sa religion pour éviter ou tout au moins retarder sa condamnation. L'affaire fut portée à Agen, à Bordeaux, revint à Agen. Dans l'intervalle, la maréchale s'était remariée, puis avait eu un fils qui fut nommé le marquis de Fronsac. Son mari se joignit alors à elle, demandant que la donation fût cassée pour cause de survenance d'enfant. Ces exceptions étant successivement rejetées, ils prétendirent que la donation était « hermaphrodite, » c'est-à-dire rémunératoire pour partie seulement, pure et gratuite pour le surplus, et réclamèrent sa réduction. Finalement, ils obtinrent en 1571 de ne payer que le montant des gages arriérés, soit 4,000 livres. Mais l'arrêt prononçait en même temps sur la moralité du procès. Il était exprimé dans le dispositif que « ladite dame Marguerite de Lustrac eût mieux fait et l'occasion estoit bien plus importante, de tendre par ce moyen, si elle eût pu, à la révocation de la donation de la place et chasteau de Valléry que non pas à poursuivre le retranchement au préjudice de ceux qu'elle même avoit mariés estant à son service depuis quatorze ans [1]. » Geoffroy de Caumont et sa femme avaient plus de 100,000 livres de rentes. On sait qu'il faut décupler la somme ou à peu près pour avoir la valeur actuelle. La seule fortune de la maréchale, dit le P. Hilarion de Coste, pouvait lutter avec celle d'une reine.

Geoffroy de Caumont échappa par miracle à la Saint-Barthélemy, mais il mourut deux ans après, laissant sa femme enceinte. Elle accoucha, à quarante-six ans sonnés (19 juin 1574), au château de Castelnau, en Périgord, d'une fille posthume qui fut la célèbre Anne de Caumont.

La carrière amoureuse de Marguerite de Lustrac était terminée, mais non sa vie d'intrigue. Son fils, le petit marquis de Fronsac, ne vécut que quelques années. Seule, avec une fille au berceau, elle eut besoin d'une extraordinaire énergie pour gérer et défendre son immense fortune terrienne, accrue du gros patrimoine de Caumont. Par la conduite de son mari, par son

[1] Géraud de Maynard, *Notables questions de droit*, t. I, p. 438 (Toulouse, 1751).

propre tempérament, elle était engagée très avant dans les querelles religieuses qui rallumaient à chaque instant la guerre civile. Les châteaux, les revenus des terres étaient constamment disputés entre les deux camps. C'était à qui s'en emparerait, par la force ou la ruse, pour s'y fortifier et y vivre aux dépens de l'adversaire. L'année même de la mort de Geoffroy de Caumont, à l'avènement de Henri III, les hostilités s'étaient rouvertes, et la veuve, non encore relevée de couches, s'était vu ravir les places de Faulhet, Tonneins-Dessus et Castelmauron en Agenais. Les frères Comarque, du parti catholique, les avaient usurpées, et capitaines et soldats y avaient commis en un tour de main des dégâts évalués à 30,000 livres. Le 23 juillet, ils s'emparèrent également de Caumont, qui valait 100,000 francs. Marguerite de Lustrac écrivait à la reine mère pour se plaindre vivement de la trahison des Comarques, auxquels son défunt mari avait remis la garde de ces terres, et pour annoncer son intention « de ne laisser moien quelconque à remuer pour en tenter le recouvrement [1]. » En effet, aussitôt guérie, elle réclama secours à Henri de Navarre qui, comme coreligionnaire et comme parent, lui devait assistance. Geoffroy de Vivant, célèbre batailleur huguenot, délégué par le Béarnais, reprit Caumont sur les catholiques avant la fin de l'année. Ce n'étaient là que les premiers épisodes d'une existence de luttes et de péripéties qui devait durer de longues années et dont nous ne saurions suivre tous les détails. Elle se compliqua bientôt de graves difficultés avec un neveu de son mari, fils survivant de François de Caumont, massacré à la Saint-Barthélemy, Jacques Nompar de Caumont, le futur duc de la Force, qui réclamait la meilleure part de l'héritage de famille.

Le sieur de la Vauguyon, Jean des Cars, d'une illustre maison du Limousin, avait été nommé tuteur des enfants de Geoffroy de Caumont, son cousin. Celui-ci était fils d'une des Cars. La mort du marquis de Fronsac faisait de la jeune Anne le premier parti de France. La fillette sortait à peine des lisières qu'elle était déjà convoitée par plusieurs prétendants de haut parage. La Vauguyon y songeait tout naturellement pour son

---

[1] Lettre du 11 août 1574, publiée par M. Tamizey de Larroque, *Documents inédits sur l'Agenais*, pièce 47° (Agen, 1875).

fils aîné, Claude des Cars, titré, dès son bas âge, prince de Carency, du chef de sa grand'mère, Isabeau de Bourbon, fille unique de Charles de Bourbon, prince de Carency, descendant de saint Louis. Henri de la Tour, vicomte de Turenne, plus tard duc de Bouillon, et Charles de Gontaut, le futur maréchal duc de Biron, se mettaient aussi sur les rangs. Les trois aspirants allaient de pair pour l'illustration de la race, la fortune et les plus brillantes qualités personnelles. Carency tirait avantage des droits de son père sur la pupille. La Vauguyon en usa, en abusa même. La mère ne paraissait pas favorable à ses projets, mais le roi les secondait. Henri III avait en grande estime le fils d'Isabeau de Bourbon, qu'il qualifiait officiellement son cousin, et qui était son premier chambellan. Il le nomma successivement capitaine de cent hommes d'armes, maréchal-sénéchal du Bourbonnais, chevalier du Saint-Esprit à la première promotion. Ces titres étaient encore au-dessous de ses services, comme le constate Brantôme, et il fut toujours à la veille d'être maréchal de France; mais, ajoute-t-il, on lui fit « passer une infinité de places vacantes soubz son nez, au diable s'il en put jamais attraper une [1]. » L'agrément du roi n'était pas dicté uniquement par la faveur : la question avait des dessous politiques. Marguerite de Lustrac était du parti de Henri de Navarre, ses châteaux et ses terres n'étaient que nominalement sous l'obéissance du roi. Il y avait un grand intérêt à les y placer effectivement. La Vauguyon procéda certainement de l'assentiment de son maître. En 1580, Anne résidait avec sa mère au château de Castelnau-sur-Guépie, près Marmande. Le tuteur, accompagné de quelques amis, alla visiter sa pupille, présenta sa demande, qui ne fut pas accueillie, et, sans autre forme, enleva la mère et la fille et les conduisit en Limousin à La Vauguyon, où elles devaient être traitées avec beaucoup d'honneurs, mais tenues sous bonne garde [2]. Il somma alors la dame de Caumont de consentir aux fiançailles des deux jeunes gens. Après quelque résistance, elle céda à cette contrainte, dont le résultat définitif était encore éloigné. Anne n'avait que six ans. La Vauguyon rendit à ce prix la liberté à la mère, mais retint la fille et négocia pour donner

---

[1] Brantôme, *Hommes illustres*, art. de M. de la Vauguyon.
[2] Vie d'Anne de Caumont, dans les *Éloges des princesses et dames illustres* du P. Hilarion de Coste. Paris, 1647.

aux fiançailles le plus de solennité et de fermeté possible. Il fut convenu que le mariage s'accomplirait dès que la future aurait atteint l'âge de douze ans. Des dispenses étaient nécessaires : Marguerite de Lustrac figura dans la demande qui reçut l'approbation du roi. Mais, à peine libre, elle s'efforça d'annuler le consentement qui lui avait été arraché. Dans son ressentiment elle se tourna vers le maréchal de Biron, père de Charles de Gontaut, lui fit entendre que l'avenir n'était pas engagé et que tout ce qui s'était passé durant sa captivité n'avait aucune valeur, et lui offrit sa fille en échange de son appui. Cependant les dispenses avaient été promptement obtenues, les fiançailles célébrées, et La Vauguyon, informé de ces intrigues, résolut de s'emparer de tous les biens de sa pupille, qu'il considérait désormais comme sa belle-fille [1]. Il suborna, paraît-il, les capitaines qui tenaient les châteaux sous l'aveu du roi de Navarre et mit en quelques jours sous sa main les places de Caumont, Tonneins-Dessus, Faulhet, Castelmauron, Goudourville, Castelnau-les-Millandes, Fronsac et Coutras. Marguerite de Lustrac, chassée de Castelnau, en fut réduite à prendre asile dans une maison du village et ensuite chez le sieur de Peyrac [2]. On était en pleine guerre des Amoureux : l'importance de la possession de toutes ces forteresses par le parti catholique est facile à comprendre. La Vauguyon faisait les affaires du roi en même temps que les siennes.

Marguerite de Lustrac se lança dans la lutte à outrance, et, secondée par Henri de Navarre, alluma pour de longs mois la guerre dans l'Agenais. Geoffroi de Vivant l'assista de nouveau, chassa de la plupart des châteaux la garnison catholique. La Vauguyon ne réussit à conserver que Castelnau, Fronsac et Coutras ; mais, en vertu de ses droits de tuteur, il poursuivit Vivant en justice réglée, à raison de ces évictions, et obtint prise de corps contre lui. L'affaire était renvoyée devant la Chambre de l'édit de Guyenne. Henri de Navarre intervint en faveur de son serviteur dévoué, pria La Vauguyon de laisser les choses en l'état, promettant d'arranger la difficulté avec sa cousine de Caumont [3].

[1] *Lettres de Henri IV*, éd. Berger de Xivrey (22 mai 1581), t. I, p. 309.
[2] *Lettres de Henri IV*, t. I, p. 314, et *Mémoires de Vivant*, publiés par Ad. Magen, p. 33 (Agen, 1887).
[3] *Lettres de Henri IV* (20 sept. 1583), t. I, p. 579.

Anne était toujours en Limousin. Elle conservait la religion de son enfance; on n'exerçait sur elle aucune pression à l'effet de la convertir. Anne de Clermont, sa future belle-mère, la traitait comme ses propres filles, avait su gagner son affection. Arrivée à sa douzième année, le mariage fut célébré par paroles de présent, c'est-à-dire rendu définitif, suivant les lois canoniques, quoique non consommé. Marguerite de Lustrac continuait toujours ses manœuvres, ne faisait qu'exciter les Gontauts, déclarant ce nouvel acte aussi nul que les précédents.

Au mois de mars 1586, Carency, devenu un brillant cavalier, dans la fleur de ses vingt ans, était à la cour. Il se rencontra un jour, dans un passage assez étroit, avec Charles de Gontaut, qui était de son âge. Les jeunes gens se toisèrent du regard, « s'entrepoussèrent. » Gontaut, s'emportant au moment même, se précipita sur son rival, le défiant avec insolence, le provoquant à une lutte corps à corps, à coups de poing, comme les gars au village. « Mais j'ai une épée, » répondit Carency avec plus de calme, en mettant la main à sa ceinture. En quelques paroles brèves, rendez-vous fut pris pour le lendemain au point du jour. Armes, l'épée et le poignard, chacun avec deux amis, combat sans merci.

Le lendemain 6 mars, six jeunes gentilshommes — le plus âgé n'avait pas vingt-cinq ans — se trouvaient à la première aube dans un terrain vague du faubourg Saint-Marceau. Gontaut amenait avec lui Montpezat-Laugnac et Pierre-Buffière-Génissac. Carency avait pour seconds d'Estissac et La Bastie. Il neigeait à flocons et le vent soufflait en tourmente. Les batailleurs, que rien ne pouvait arrêter, se mirent en posture, Gontaut contre Carency, Montpezat contre la Bastie, Pierre-Buffière contre d'Estissac. D'abord, Carency donna un si rude coup d'estoc à Gontaut que l'arme, entrant dans la paume de la main, déchira les chairs jusqu'au coude, où elle s'enfonça. Gontaut chancela, se remit, reprit l'offensive. Dès les premières passes, Montpezat avait tué raide La Bastie. Il vint alors au secours de Gontaut et tous deux couchèrent promptement Carency mort sur le carreau. Pierre-Buffière chargeait d'Estissac, l'avait criblé de blessures, mais il résistait. Terrassé, inondé de sang, il se débattait encore. Pierre-Buffière le transperçait de coups d'épée, le piétinait sans pouvoir l'achever. Gontaut et Montpezat se retiraient en hâte, effrayés de leur victoire trop complète, criant à leur ami d'abandonner le mourant. D'Estissac fut laissé respirant encore, malgré d'affreuses plaies ; mais le malheureux expira sur place comme ses compagnons [1].

La mort si tragique de ces trois fils de famille, des plus en vue à la cour, causa une grande émotion, irrita extrêmement le roi. On tenait qu'il y avait eu de la fraude dans ce duel, et Gontaut était soupçonné d'avoir jeté de la cendre dans les yeux de son adversaire. En réalité, Carency, seul contre deux, avait été acculé de sorte que la neige lui fouettait le visage, l'aveuglait. Des poursuites rigoureuses furent ordonnées contre les meurtriers. Gontaut se cacha pendant longtemps et ne sortait que déguisé en porteur de lettres. Comme on croyait alors aux devins, il visita dans cet accoutrement un nommé Labrosse, grand mathématicien et sorcier, et le consulta sur son avenir. Le devin lui répondit qu'il était assuré pour longtemps d'une brillante fortune, qu'il arriverait aux plus grands honneurs, serait à la veille d'être roi, mais « qu'il en ferait tant » qu'il aurait la tête tranchée. Gontaut, pour le payer de son horoscope, se jeta sur lui, l'assomma de coups, le laissa demi-mort [2].

La douleur de La Vauguyon fut profonde, mais ne lui fit pas perdre de vue l'immense héritage de sa pupille. Il avait un autre fils : la solution était indiquée. Le roi y donna son assentiment, et un mois à peine après le trépas de Claude des Cars, Sa Majesté envoya Lasteyrie du Saillant, sieur de Vergy, vers Mme de Caumont pour lui faire entendre que sa fille devait être donnée au second fils de M. de la Vauguyon. Une autre fiche de consolation fut accordée au chambellan : au mois de juillet, la terre de La Vauguyon était érigée en comté sur sa tête. Henri des Cars, à qui son père donna le titre de prince de Carency et plus tard celui de comte de La Vauguyon, fut autorisé par arrêt du conseil d'État, Sa Majesté y étant, le 3 juin 1586, à épouser Anne de Caumont. L'affaire fut menée vivement. De graves questions de droit se soulevaient au sujet de l'existence légale du premier mariage ; il pouvait y avoir conflit entre l'autorité

---

[1] D'Audigier, *Usage des duels* p. 434 (Paris, 1617) ; *Journal de l'Estoile* ; Brantôme.

[2] Palma Cayet, *Chronologie septennaire*. Coll. Michaud, t. XIII, p. 204.

ecclésiastique et l'autorité civile ; le tout fut tranché par un seul arrêt du vouloir de Sa Majesté [1].

Marguerite de Lustrac était restée en dehors de ces arrangements et ne s'en montrait que plus irritée. Les terres de la pupille étaient toujours disputées entre les deux partis, tantôt aux mains des catholiques, tantôt reprises par les capitaines de Henri de Navarre, et la mère ne se lassait point de cette lutte, y mettant une ardeur que l'âge ne calmait pas, inventant chaque jour quelque nouvelle riposte. Tant que le mariage n'était pas consommé (il ne pouvait l'être encore), les contrats solennels, le lien canonique, les arrêts de justice, la volonté du roi ne lui semblaient pas de force à vaincre sa résistance. Catholique active au temps du maréchal, elle était maintenant huguenote militante ; ancienne amie des Guises, elle avait rompu avec eux par la plus cruelle offense, s'était inféodée au camp du Béarnais, se montrait leur ennemie acharnée. Un revirement complet n'était pas pour l'arrêter s'il n'y avait que ce moyen de triompher. Le traité de Nemours avait remis les Guises au pinacle, eux seuls étaient assez puissants pour servir son ressentiment. Elle fit tout à coup volte-face, alla trouver le duc de Mayenne, mit encore en marché cette fille deux fois mariée, l'offrit au duc pour son fils le comte d'Aiguillon, âgé de huit ans. L'énorme dot produisit son effet, fit oublier le passé, la proposition fut acceptée sur-le-champ. Mais Anne était toujours à La Vauguyon, on ne pouvait l'en retirer que par violence ou par surprise ; l'enlèvement fut résolu.

Le duc avait été envoyé cette année même en Guyenne, avec une armée, pour réduire les huguenots. Sa campagne, avec 2,000 chevaux 12 régiments d'infanterie et 6,000 Suisses, ne fut pas glorieuse, il la termina par ce singulier exploit. Rentrant à Paris par le Limousin, il établit son armée à quatre lieues de La Vauguyon et organisa son coup de main. Le huguenot Vivant, qui venait de lui livrer Caumont par suite de l'accord, avait été requis pour la circonstance. C'était l'audace en personne. Un ami et voisin du comte de la Vauguyon, le sieur de Saint-Mathieu, suborné, consentit à servir de guide, et Mayenne et

---

[1] Fevret, *Traité de l'abus*, t. II, p. 9 (Paris, 1589). Fevret fait comprendre que le mariage avait été célébré avec Claude des Cars, et que son existence juridique ne pouvait être contestée.

Vivant, avec un fort détachement des officiers les plus hardis, se présentèrent sous les murs du château, réclamèrent l'enfant, menaçant de l'irruption de l'armée de 12,000 hommes campée à deux heures de marche. La résistance était impossible ; La Vauguyon en essaya pour la forme, afin d'établir la contrainte, la voie de fait, livra sa belle-fille et ses suivantes [1]. Brantôme rapporte qu'on disait du « bonhomme La Vauguyon, » si souvent déçu dans ses ambitions, « qu'il ressembloit ces oiseaux de proie qui chasseront tout un jour et ne prennent rien, et d'autres qui en une heure feront plus de chasse qu'ils ne voudront [2]. » Le dicton s'appliquait ici. Le bonhomme perdait en un instant le fruit de sept années de poursuites et d'efforts. Les huguenots accablèrent Mayenne de leurs sarcasmes. La seule action d'éclat de cette belle armée était un rapt lâche et intéressé : ce grand général s'était vanté de ramener en triomphe les princes du sang prisonniers et leurs capitaines enchaînés, et pour tout trophée il ne montrait qu'une jouvencelle [3].

IV.

En effet, la jeune Anne, arrachée contre son gré au lieu où s'écoulait paisiblement son enfance et où sa vie lui semblait fixée, fut conduite à Paris, juchée sur un chariot, à la suite de l'armée. Cette violence fut encore colorée de politique et le ravisseur eut le front d'écrire au roi pour la justifier, déclarant qu'il ne s'y était décidé qu'à l'instigation pressante de la mère et dans l'intérêt public plutôt que pour ses convenances privées. « Il y a ja quelques mois, disait-il, que Mme de Caumont me fit rechercher du mariage de mon fils aîné pour sa fille, disant que c'estoit un dessein qu'elle a tousjours eu de s'allier en nostre maison et que sa première fille (qui estoit du feu monsieur le mareschal de Sainct-André) y avoit esté destinée, comme aussy

---

[1] D'après de Thou (*Histoire universelle*, t. VI, p. 678, éd. de la Haye, 1740), Mayenne, ayant reçu l'hospitalité à La Vauguyon, aurait enlevé la jeune fille subrepticement. Cette version peu plausible n'est pas suivie par les autres auteurs.
[2] Brantôme, art. de M. de la Vauguyon.
[3] *Mémoires du duc de Nevers* t. II, p. 84 ; *Satire Ménippée*, éd. de le Duchat, t. I, p. 32 (Ratisbonne, 1726). *Journal de l'Estoile*, octobre 1580, p. 209. Coll. Michaud.

celle-cy mesme y fust premièrement vouée, et qu'ayant failly aux autres occasions elle désiroit y recourir à ceste-cy. — Touttefoys voyant beaucoup de choses dissemblables, je n'y voulois lors entendre.... et n'avois-je point changé d'avis jusques à dernièrement et despuis peu de jours qu'elle m'a faict continuer cette mesme recherche et y ayant adjousté que ce faisant elle me remettoit dès à présent le chasteau de Caumont ; ayant considéré la peyne pour laquelle nous estions pour le recouvrer et l'importance dont il est pour mettre ceste rivière de Garonne en liberté ; or voyant en ceste occasion vostre service et le bien du pays conjoins à ma grande commodité, je luy fis response que m'envoyant son consentement en bonne forme et celuy des plus proches parens de la fille je m'en résouldrois avecques le conseil de mes amys.... » Mayenne exposait ensuite qu'il comptait bien, comme étant de son devoir, solliciter au préalable l'agrément de Sa Majesté, mais qu'il avait été informé « que d'aultres n'y vouloient pas tant apporter de consydération et qu'entre aultres le viconte de Tureine avoit dessein et partie desja pour se saisir de la dicte fille, » ce qui l'avoit forcé « à l'improviste, de le devancer en cella. » Il assurait le roi qu'il ne s'était nullement servi pour cette action de son armée qui n'y avait point concouru. Au reste il n'avait rien compromis ni précipité la conclusion du mariage et les choses étaient encore en leur entier et resteraient telles jusqu'à ce que Sa Majesté eût fait connaitre sa volonté. Il terminait en déclarant que si la jeune fille ne voulait pas se faire catholique ou si pour tout autre motif le mariage ne se concluait pas avec son fils, il la remettrait entre les mains de M. de la Vauguyon, ainsi qu'il le lui avait promis [1]. En même temps et comme dernier argument, il faisait dire verbalement au roi que Mme de Caumont s'engageait à réintégrer en son obéissance toutes les places de l'héritière et les siennes propres.

Le roi trouva le procédé inexcusable, ne se laissa pas prendre à ces belles paroles. Les Guises le fatiguaient déjà, mais il ne pouvait pas rompre avec eux sur une telle aventure. La Vauguyon et son fils avaient porté leurs doléances non seulement

---

[1] *Document inédit relatif à l'enlèvement d'Anne de Caumont*, publié par M. Tamizey de Larroque. *Cabinet historique*, 1873.

à Henri III, mais au roi de Navarre. Mayenne proposait un arbitrage de parents pour fixer le dédommagement qui leur était dû ; ils le réclamaient de leur côté, mais pour décider à qui devait rester la fille. On ne comprend pas bien la conduite du Béarnais en cette occasion. Prenant parti pour Mme de Caumont, il faisait le jeu de Mayenne, ratifiait la livraison des places aux catholiques. Toujours est-il qu'il écrivit à sa cousine qu'il agirait auprès de La Vauguyon et de Carency pour qu'ils acceptassent l'arbitrage sur les bases proposées par Mayenne. En effet, il fit préparer un accord aux termes duquel le duc s'engageait à écrire à M. de la Vauguyon pour lui expliquer les motifs qui l'avaient porté « à retirer à luy sa belle-fille...., le priant de ne le trouver mauvais ni estrange et consydérer si l'intérest qu'il y a le doibt excuser de la façon dont il en a usé.... » Il lui promettait, ainsi qu'il l'avait déjà fait, de lui remettre ladite fille, si pour un motif quelconque, notamment la religion, le mariage ne s'accomplissait pas avec son fils. Au cas de mariage, M. de la Vauguyon, qui avait fait de grandes dépenses pour sa pupille et belle-fille, serait entièrement indemnisé, avant le mariage, au dire de quatre parents des parties. Enfin M. de la Vauguyon serait déchargé de tout douaire pouvant appartenir sur ses biens à sa belle-fille [1]. Mayenne signa ces conventions, mais elles ne furent pas souscrites de l'autre côté.

Anne avait été placée près de la duchesse de Mayenne (Henriette de Savoie). On lui laissa les mêmes demoiselles qu'elle avait à La Vauguyon, mais son nom fut changé. De princesse de Carency, elle devint marquise de Fronsac. Le duc l'ordonna ainsi jusqu'à ce qu'elle pût être nommée comtesse d'Aiguillon.

Le différend n'ayant pu être réglé amiablement, le roi avait promis à son chambellan de faire remettre sa belle-fille en liberté, et il signifia sa volonté à cet égard. Mais la dame de Caumont invoqua ses droits et Mayenne opposa ses remontrances. Henri III, fort embarrassé, pour ne pas céder tout à fait, prit un moyen terme. Il fut convenu que le duc livrerait l'enfant à la reine, qui, au bout de quelque temps, la confierait en garde à la duchesse de Nemours (la veuve remariée du Balafré). Plus tard,

---

[1] Bibliothèque nationale, mss. fonds Béthune, n° 9101 ; *Lettres de Henri IV*, t. II, p. 243.

Anne choisirait elle-même sa destinée. L'arrangement ne fut pas tenu. Mayenne continua de discuter, la dame de Caumont de produire des mémoires. Anne était décidément prisonnière.

Elle ne quitta plus la duchesse, la suivit dans tous ses déplacements, à Paris, en Champagne, en Bourgogne, où le duc était gouverneur. Elle gardait toujours sa religion, quoiqu'on la pressât de se convertir. Henriette de Savoie la menait à la messe, lui donna bientôt une gouvernante et des servantes catholiques. Anne se soumettait matériellement, suivait les offices et les sermons avec la fille aînée de la duchesse, Catherine de Lorraine, mais n'était point conquise. Elle montrait déjà une grande dignité de caractère, un esprit de résignation au-dessus de son âge, mais on la sentait sourdement irritée de se trouver en proie à ces compétitions pour sa fortune, d'avoir été brutalement enlevée, d'écouler ses meilleures années en chartre privée. Quand on voulut la faire communier, elle osa refuser, demanda à être instruite, à lire les saintes Écritures. Un prêtre savant et persuasif fut attaché à sa personne, l'exhorta avec douceur, réussit à la convaincre. Sa première communion eut lieu le jour de Pâques 1587 [1]. Elle était appelée à devenir une admirable catholique.

La pauvre enfant devait être encore cruellement ballottée. Mayenne et ses frères traversaient une crise aiguë. Les oscillations violentes de leur fortune se ressentaient à leur foyer. La jeune Anne était forcément mêlée à ces émotions, à ces craintes, à ces terribles secousses, telles que la journée des Barricades ou le drame de Blois. Sa vie n'était ni calme ni heureuse. Sur la fin du règne de Henri III, la Ligue devenue toute-puissante, Mayenne ne voyait plus de limite à son ambition. La mort du roi lui permettait de rêver le pouvoir suprême. La riche héritière était maintenant au-dessous de ses espérances. Le fils aîné du lieutenant général de l'État et couronne de France ne pouvait-il pas aspirer à quelque alliance plus haute, à une union royale ! Anne avait quinze ans. Le duc et la duchesse eurent le courage de lui faire des ouvertures pour un autre mariage, finirent par lui proposer nettement d'épouser Emmanuel des Prez, marquis de Villars, fils aîné du premier mariage de la du-

---

[1] Hilarion de Coste, p. 96.

chesse [1]. La petite marquise de Fronsac était d'une maturité précoce; elle déclina l'offre avec douceur mais ressentit vivement l'humiliation. Sa santé en reçut le contre-coup; elle tomba en langueur, fut malade plus de deux ans. Quitter cette maison où sa position était rabaissée, son amour-propre constamment meurtri, elle le voulait à tout prix! Cette triste mère qui l'avait jetée dans ces encombres avait seule le droit de l'en retirer. Elle lui écrivit, tâcha de l'émouvoir, la supplia de la reprendre. Pour Marguerite de Lustrac, l'accord avec Mayenne n'avait été qu'un expédient; elle renonçait sans regret à ce mariage, d'autant plus qu'elle croyait au succès de Henri IV, qui lui tenait de près et auquel elle s'était rangée. Elle accueillit la démarche de sa fille, lui promit son secours, mais elle ne jugeait pas devoir agir par les voies de la justice, qui était alors comme suspendue. Une évasion, un nouvel enlèvement serait sans doute le seul remède. Fort engagée dans la lutte, loin de Paris, en grande discussion, pour la conservation de l'héritage, avec son neveu de la Force, il n'était pas possible d'y songer en ce moment. Il fallait s'armer de patience, attendre une occasion. Anne n'avait qu'à subir sa fâcheuse destinée [2].

Deux années passèrent encore. Mais les affaires des Guises n'étaient plus si brillantes. Henri IV était presque partout victorieux. Mayenne pensa qu'il était sage de revenir à l'héritière qu'il avait sous la main. La mort inopinée de Henri des Cars « par un désastre non ouy [3] » aplanissait d'ailleurs toutes les difficultés avec La Vauguyon. Il n'y avait plus d'indemnité à payer, plus de procès à soutenir. Le duc informa la marquise qu'il était déterminé à lui donner le comte d'Aiguillon pour époux. Elle fut écœurée, dévora sa honte, craignant quelque nouvelle contrainte si elle se déclarait ouvertement. Elle s'adressait toujours à sa mère, la conjurant plus instamment de l'arracher à cette fausse situation. Les événements étaient contraires, la Ligue jouait ses derniers coups. Heureusement l'âge du futur reculait le mariage, il n'avait alors que treize ans.

Vers la fin de 1593, Marguerite de Lustrac, dégagée de ses

---

[1] *Satire Ménippée*, éd. Le Duchat, t. I, p. 32; Hilarion de Coste.
[2] Hilarion de Coste.
[3] Lettre de Henri de Noailles, 4 août 1592. *Les Manuscrits de la Bibliothèque du Louvre*, par Louis Paris, p. 107 (Paris, 1872).

plus gros embarras, vint à la cour de Henri IV, à Mantes. Le Béarnais s'était converti ; la ruine de ses ennemis ne faisait plus doute. Mme de Caumont requit l'agrément du roi pour retirer sa fille au duc de Mayenne et prit ses conseils pour un autre mariage qu'il était à propos de presser, Anne touchant à sa vingtième année. Henri IV encouragea ces projets : il fut question de divers partis. Henri d'Orléans, duc de Longueville, ayant présenté son frère François d'Orléans, comte de Saint-Paul, le roi et Mme de Caumont l'acceptèrent. Il n'y avait plus qu'à reprendre la fiancée aux Guises : ce n'était pas le plus aisé.

Les Longueville complotèrent une évasion doublée d'un enlèvement. Anne était alors gardée à Soissons. Sa mère lui fit part des résolutions prises, qui furent accueillies avec joie. Elle lui manda d'avoir, au jour fixé, le matin, à sortir de la ville avec un déguisement de pauvre demoiselle. Dès qu'elle serait hors du faubourg, elle trouverait une troupe de trois cents chevaux à la tête de laquelle serait son fiancé lui-même, le comte de Saint-Paul, qui la prendrait en croupe et la conduirait chez une dame du voisinage. Là elle serait en sûreté. Sa mère et tous les Longuevilles, frères et sœurs, viendraient la chercher pour l'emmener à Paris, où le mariage serait célébré sans désemparer.

Anne avait des serviteurs dévoués. Mis dans la confidence, ils consentirent à l'aider dans sa fuite. Au jour convenu, la marquise et sa suivante, prêtes de grand matin, s'échappent de l'hôtel de Guise, sortent de la ville. Deux domestiques affidés les avaient précédées à cheval, les attendaient au faubourg. L'un d'eux devait, dès qu'il les apercevrait, courir à toute bride prévenir le petit corps de cavalerie de s'avancer pour recevoir la marquise. L'homme part en effet au galop, revient quelques minutes après, faisant de grands signes avec la main. Il voulait dire que les cavaliers le suivaient, qu'il fallait presser le pas. Les deux femmes, déjà épeurées par la traversée des rues désertes, se méprennent, croient que ce retour précipité, ces gestes, annoncent que le projet est manqué, qu'elles doivent s'en retourner. Elles rebroussent chemin vivement, repassent la porte, se réfugient dans une église, tremblantes d'effroi. Le messager, voyant leur erreur, les rejoint, les rassure, leur déclare que tout est prêt dans les conditions les plus favorables. Elles se décident à regagner le faubourg. Mais ce va-et-vient effaré a attiré l'attention. Le soldat de garde à la porte examine les fugitives de plus près, s'aperçoit qu'elles sont masquées, avertit son chef. Celui-ci les suit dans le faubourg, les force à ôter leur masque. Leur embarras les trahit, elles sont reconnues et reconduites chez la duchesse. On était au commencement de 1594, quelque temps avant le siège de Laon [1].

La marquise fut depuis surveillée plus étroitement. Sa mère tenta deux mois après une nouvelle entreprise, mais la duchesse douairière de Montpensier, sœur de Mayenne, eut connaissance du projet, en informa son frère, qui le fit échouer.

La Ligue allait à sa fin. Mayenne ne luttait plus que pour la forme, il s'était même, paraît-il, rangé secrètement à Henri IV. Descendu de ses rêves, il tenait d'autant plus à l'opulente dot de la marquise. Il pensa qu'il arriverait peut-être mieux à son but par la ruse et la douceur. Anne fut entourée de plus d'égards, choyée, endoctrinée. On ne lui demandait plus que de laisser les choses en même état jusqu'à la conclusion, assurément prochaine, de la paix avec le roi. La duchesse lui déclara qu'elle serait entièrement libre dans le choix de son époux, la priant seulement de mûrir sa résolution, d'attendre la fin de l'année pour montrer qu'elle ne cédait pas au ressentiment et au dépit. Anne était bien forcée d'accepter; mais les flatteries et les séductions la laissèrent inébranlable. L'année expirée, sur le point d'atteindre sa majorité de vingt et un ans, elle réclama formellement sa liberté. Cette séquestration durait depuis près de dix ans, elle devenait trop criante; Mayenne fut forcé de s'exécuter.

Anne fut conduite à Paris, remise à sa mère, qui s'y était rendue de son côté, et fut fiancée au comte de Saint-Paul. Le roi régla lui-même les conditions du mariage, voulut qu'il se fît sans retard. Mais les traverses naissaient sous les pas de la fille de Marguerite de Lustrac. La veille des noces, la mère retira tout à coup son consentement, imposa un ajournement avec l'idée de rompre et de négocier un autre mariage. Elle prétendait que son futur gendre et sa famille l'avaient gravement offensée par leurs exigences hautaines et leur morgue tranchante. Le vrai était que ses comptes avec sa fille n'avaient pas

---

[1] Hilarion de Coste.

été réglés suivant ses désirs. Ce coup de tête fut la fable de la cour. Tous les Longueville étaient là, en grand cérémonial : la douairière, princesse de la maison de Bourbon, le duc Henri, la duchesse sa femme, fille du duc de Nevers, les sœurs du futur, sa tante la princesse de Condé, ses parents de Bourbon, de Clèves, de Rothelin, de Rohan et l'élite des gens de qualité. Henri IV montra son mécontentement, morigéna en vain sa cousine [1].

La malheureuse Anne fut frappée de désespoir et de honte. Elle n'était pas entraînée par l'amour vers ce fiancé qu'elle connaissait à peine, mais elle se voyait rejetée dans les incertitudes et en proie aux moqueries. Elle se mit aux pieds de sa mère, lui représenta l'affront fait à la parenté du roi, les engagements pris devant Sa Majesté, la déconsidération et la disgrâce qui les atteindraient l'une et l'autre, son chagrin, son avenir brisé. Réussit-elle à la fléchir par ses larmes ou par la promesse de suivre sa volonté pour l'établissement des comptes de tutelle? Cette terrible femme céda. Le mariage fut célébré le 2 février 1595.

Elle ne s'était point rendue de bonne grâce et ne cacha pas sa rancune d'avoir eu la main forcée, se sépara aussitôt des deux époux et se retira au château des Millandes, près Bergerac. Deux ans après, atteinte de sa dernière maladie, elle fit son testament, par lequel elle déshéritait sa fille qui, disait-elle, « avoit commis en son endroit divers mauvais offices, lui ayant pris ses maisons de Gavaudun, de Lustrac et autres lieux. » Par surcroît d'extravagance, elle institua pour son héritier universel le sieur de la Force, ce neveu de son mari avec laquel elle avait plaidé toute sa vie. Il n'y a de raisonnable dans ses dispositions suprêmes que la libéralité qu'elle y consigna en faveur du fils et du petit-fils du capitaine Vivant, qui l'avait si vaillamment servie et avait été condamné à mort pour ses nombreux méfaits [2]. Le testament est du 17 juin 1597 [3]. Marguerite de Lustrac mourut peu après sans avoir changé ses sentiments.

---

[1] Hilarion de Coste.

[2] Mayenne avait, de son côté, récompensé son auxiliaire dans l'expédition du Limousin et obtenu sa grâce. Le sieur de Vivant « eut pour ses épingles, dit le duc de Nevers, par la faveur de M. de Mayenne, absolution de tous les crimes et sacrilèges qu'il avait faits. » *Mémoires de Nevers*, t. II, p. 84.

[3] Une copie de ce testament est transcrite au tome XV, p. 95, du fonds Périgord de la Bibliothèque nationale. Tamizey de Larroque, *Documents inédits sur l'histoire de l'Agenais*, pièce 47.

— 41 —

Quant à la comtesse de Saint-Paul, elle était marquée pour toujours du sceau de l'infortune. Comme si l'injuste malédiction de sa mère eût été méritée, son existence ne fut qu'une suite de vicissitudes et de malheurs. Mariée à un dissipateur et à un égoïste, elle fut sacrifiée à ses plaisirs. Son riche patrimoine se fondit, elle connut la gêne. Pendant que son mari se livrait aux plus folles prodigalités, elle en était réduite à vivre à la campagne de petits emprunts, s'imposant de dures privations pour faire élever son fils unique, le duc de Fronsac. Elle perdit ce fils de grande espérance, à dix-sept ans, tué sans éclat dans une escarmouche, le lendemain de son arrivée devant Montpellier. Son courage résista à ses épreuves, mais non sa santé, qui resta débile, ne lui laissant que de rares intervalles de repos. Séparée judiciairement de son mari, confinée dans une humble retraite, elle supporta toutes ces afflictions avec une admirable résignation, fortifiée par les plus sévères pratiques de la piété. Lorsqu'elle devint veuve en 1631, rassemblant les épaves de sa fortune, elle consacra ce qui en restait à de bonnes œuvres, vécut plus que jamais comme une religieuse, se mortifiant, visitant les pauvres, s'enfermant dans leur « cahuette » avec les plus misérables recluses, soignant de sa main les infirmités les plus répugnantes. Sa mort eut le calme et la sérénité qui avaient manqué à sa vie. Entourée de ses domestiques, de ses parents, de son directeur, elle pria à haute voix jusqu'à son dernier soupir, se confessa à tous les assistants, demanda la permission de les bénir et s'éteignit doucement, le 2 juin 1642, à l'âge de soixante-huit ans. Son inhumation fut faite suivant sa volonté au couvent des Filles-Saint-Thomas, qu'elle avait récemment fondé. Sur le lieu de sa sépulture, longtemps honorée comme celle d'une sainte, existait naguère, place de la Bourse, le théâtre du Vaudeville.

BESANÇON. — IMPR. ET STÉRÉOTYP. DE PAUL JACQUIN

www.ingramcontent.com/pod-product-compliance
Lightning Source LLC
Chambersburg PA
CBHW060503050426
42451CB00009B/787